生長の家ヒューマン・ドキュメント選

夫婦で開いた幸せの扉

★

日本教文社編

日本教文社

夫婦で開いた幸せの扉　目次

装幀　松下晴美

編者はしがき

この「生長の家ヒューマン・ドキュメント選」シリーズは、生長の家の信仰を持つことによって、人生を好転させた顕著な体験をした方々を紹介する小社刊行の月刊誌『光の泉』の「ヒューマン・ドキュメント」をテーマ別に精選編纂したものです。

本書は、特に生長の家の教えを知ることにより、夫婦が心から調和して、家庭も仕事もすべてが幸せに満たされていった体験ドキュメントを収録しています。本書中の年齢・職業・役職等は、同誌に掲載された当時のもので、記事の初出年月はそれぞれの末尾に明記してあります。本書が、読者の明るい家庭生活のための一助となることを願ってやみません。

日本教文社第二編集部

工務店倒産、借金生活の苦難を乗り越えた夫婦の絆

宮城県　宮大工　日野《ひの》　清人《きよと》さん（42歳）
みな子《こ》さん（39歳）

腕のよい宮大工の日野さんは、工務店を経営。が、〃根っからの人のよさ〃が裏目に出て、三十一歳のときに多額の負債を抱えて倒産。自宅を手放し酒に溺《おぼ》れ、夫婦仲もあやしくなった。そんなとき生長の家の教えを知り、苦難のドン底で本当の夫婦愛に目覚めた。夫婦が力を合わせて働くようになり、大きな仕事も舞い込んで借金を全額返済。仕事にも家庭にも明るい光が差し込んだ……

「昔からね、〃家の隅《すみ》には福がある〃って言伝えがある。だから家の掃除をするときには、四隅から中心に向かって箒《ほうき》で掃くのが作法なんですよ。福が逃げないようにって訳《わけ》

でね。家相ってのもあるでしょう。家にも中心があって、床の間の方角とか大事なシキタリもあって、昔の大工職人はいろんなこと知ってましたね。金槌《かなづち》や釘《くぎ》の持ち方ひとつでも厳しく教わったもんですよ」

と、日野清人さんは日焼けした顔をほころばせる。

若い頃の修業時代、宮大工《みやだいく》の棟梁《とうりょう》から職人としての伝統作法を徹底して叩《たた》きこまれたという。神社・仏閣建築が専門職だが、その腕を見込まれて、注文住宅も数多く請《う》け負っているそうだ。

冷たい麦茶を持ってきてくれた奥さんのみな子さんが、ニコニコしながら話に加わる。

「まあ、うちは色々あって大変でしたよ。主人は〝人のよい性格〟なんだけど、その上に〝超〟がつく位で、それで失敗しちゃったのね。借金沢山あったんですよ、もう終わりましたけどねえ……」

人を信じて何度も裏切られ、人間不信に陥《おちい》った清人さんだが、いまでは秋晴れの空のように澄《す》み切っている。

「〝人間はみな神の子〟の教えにふれて、恨《うら》み憎《にく》む気持が消えました。祈りが全てを癒《いや》

工務店倒産、借金生活の苦難を乗り越えた夫婦の絆

腕を見込まれて外装工事を請負い、見事に仕上げた郷土資料館の前で

しました。かつては表面的な出来事に振り回された。けれどいまは、色々な体験を経て、人生最高の真実を知ることが出来たと思いますよ」

「二人の子供たちにも苦労させちゃって、私も主人をずいぶん恨みましたよ。でもそういう生活から抜け出せてホッとしてます。生長の家のお話をきいてからは、お蔭様で家庭も仕事も万事よい方へ変わってゆきましたねえ」

数年前まで夫婦仲は最悪で、借金地獄だったというが、現在の日野夫妻の表情には、そんな陰はみじんも感じられない。

〝人のよさ〟が災いして

清人さんは、仙台市の職業訓練学校を卒業して、十八歳で宮大工に弟子入り。大恋愛の末、結婚したのは昭和四十九年、清人さん二十二歳、みな子さん十九歳のときだった。その後、二十四歳で独立して工務店を始めた。仕事も増え、八人の職人を雇うまでに大きくなり、順風満帆の生活だった。

だが、三十一歳のとき前途に暗雲がたちこめた。

職人かたぎで気のよい性格だったが、金銭面にルーズで、代金のコゲツキが次第に膨《ふく》らんだ。材料に糸目をつけず、いいものを作ろうという気構えで取り組んだ結果、いつも経費がかさんで見積オーバー。それでも、得意先に「いい仕事をしてくれたねえ」と褒《ほ》められると、気をよくして追加分を請求しそびれたり、という具合い。また仕事熱心だが、遊びでも気前よく金を使った。

だんだんと資金繰りが苦しくなり、負債は六千万円を超え、ついに工務店は倒産。自宅を手放し、家賃の安い市営住宅に引っ越す羽目に。それでも負債は三分の一しか減らなかった。奥さんも家計を助けるために、縫製工場へ働きに出た。夫は借金返済のためにガムシャラに働いた。

数年して身辺も落ち着きを取り戻した頃、再び痛い目にあった。

友人から、「一週間たったら返すから数百万円融通してくれないか」と頼まれ、断われずに引き受けると、結局貸倒れになった。また別の友人のサラ金の保証人になったが、その人が失踪《しっそう》してしまい、借金を肩代わり。こんなことが続いて、一旦はガマンした奥さんも、夫の性格に立腹し、夫婦仲は完全に冷えきってしまった。

清人さんは、家に帰ればクドクドと文句を言われるので、次第に酒に溺《おぼ》れるようになり、帰宅しない日が多くなった。

「家庭では夫婦喧嘩《げんか》が絶えませんでした。食べ盛りの子供たちはいつもお腹をすかせていたし……。たまに主人が帰ってきても、お酒を飲んでイビキをかいて寝てしまう。そんな姿をみて、何度死のうと思ったことか……」

みな子さんは、自分の町では恥ずかしかったので隣町の役場に行って、離婚届の用紙を貰《もら》ってきた。そして喧嘩をするたびに、その離婚届を夫の目の前につきつけた。

「私は心の底で妻を信じていました。何のかんの言っても絶対ついてきてくれると」

災《わざわ》いは更《さら》に追い打ちをかけた。

五年前の十月のこと。清人さんは飲酒運転のあげく、交通事故を起こしてしまい、救急車で病院に運ばれた。前歯が折れ、背骨を痛め二十一日間入院。そんなときでも仕事現場が気になって、入院数日後には、コッソリ病院を抜け出し、奥さんに車を運転させて仕事場へ通った。

怪我《けが》をした夫の面倒をみるうちに、みな子さんは成りゆきで夫の仕事を手伝うようになった。はじめは事務仕事が主だったが、人手が足りないとヘルメットを被《かぶ》って現場に出かけ、大工仕事もこなした。

試練を越えて

そんなある日。仕事仲間で、塗装職人の大沼進さん（46）が訪ねてきた。平成四年の師走だった。

「日野さんよう働くね。ちょっと骨休めに、北海道旅行でも行かんかね。団体で行くから安いよ」

「そんならカニでも食べに行こうか」と気楽に受けた。

さて札幌に来てみると、そこは生長の家の研修会の会場だった。

〝騙《だま》された〟と一瞬思ったが、確かに安い団体ツアーには違いなく、大沼さんに文句の言葉が出てこない。仕方なく会場で講話をきいたが半分も理解できなかった。

大沼さんは、当時の事情を語る。「その頃、私自身入信して日が浅く、生長の家のことをどう説明したものか迷っていた。とりあえず、研修会に行ってから話そうと思い、まあ無茶もあったが（笑）、日野さんに教えで立ち直ってほしいという気持からですよ」

その後、清人さんは本を勧《すす》められ、『生命《せいめい》の實相《じっそう》』*を読んで感動。誌友会*にも参加するようになった。

「〝人間は神の子〟〝今を生きよ〟という言葉が印象的でした。また、全ての人やモノに感謝することの大切さを教えられた。いままで自分は我《が》が強くて、両親や妻にも感謝したことがなかった」

みな子さんも夫に連れられて誌友会に顔をみせるようになった。

「一度生長の家のお話を聞いて、また行きたくなりました。久しぶりに嬉《うれ》しい楽しい気持になれたんです。夫を憎んでいる自分が恥ずかしく、また苦しかった。そこから抜け出したいと思っていましたから、教えが胸に響きました。明るい家庭をつくるには夫婦調和しなくてはと……。主人と一緒に頑張ろうという気になったんです」

夫婦揃《そろ》って教えを学び、愛と讃嘆《さんたん》の言葉が環境を変えると知った。

以来、朝起きると「お母さん、素晴しいねえ、愛してるよ」「お父さん、愛してるわ。フフフ」と声を掛け合うのが挨拶《あいさつ》代わりになった。それを見た子供たちは、「朝から何ノロケてるの」と笑う。かつては暗かった家庭に、大きな笑い声が響いた。

「家庭が平和になると、道具のカンナの滑《すべ》りがよくなった。以前は生傷が絶えなかったが、ノミをふるっても怪我しなくなりました」


そして翌年の春を迎えた。家の隅にあるという〝福〟を、家族の笑顔が引き出した。大きな仕事が舞い込んだのである。

隣の亘理《わたり》町で、町おこし事業として郷土資料館建設が始まった。観光名所となるような、城下町をイメージした城風建築物で、図書館や広場を併設し、総工費は二十八億円。大手建設会社数社が受注したが、そのうちの最も難しい外装工事を任されたのだ。

「和風建築の粋《すい》を生かしたデザインで、宮大工としての腕を見込まれ、一世一代の大仕事になった」

と張り切る清人さん。受注額は二億五千万円。借金問題もこれで無事解消した。

みな子さんも夫の指示を仰いで、地上三十メートルの足場に登って働いた。大型クレーン、大型トラックが唸《うな》りをあげる大工事になった。

「身近で、主人の凛々《りり》しい姿をみて感心しました。お金のためでなく、モノを作る喜びで働く主人の気持が分かるようになったのです。この人と夫婦でよかった……」

平凡な夫婦だった頃より、二人は強い絆《きずな》を感じた。

ご主人の運転する車で亘理町へ案内してもらい、平成六年六月にオープンしたばかりの立派な郷土資料館「悠理館《ゆうりかん》」を見学した。白い大きな城の入口で、清人さんは照れくさそうな笑顔を浮かべる。みな子さんは、そんな夫の顔をまぶしそうにみつめた。

帰りの車中、二人は賑《にぎ》やかに会話を交わした後、ポツリと言った。

「私たち、いま仲いいわね。結婚する前みたいに……」

「みんな、お母さんのおかげだよ」

試練を乗り越えた夫婦の、おだやかな微笑がそこにあった。

（平成六年十一月号　取材／亀崎昌義　撮影／太田勝久）

＊『生命の實相』＝生長の家創始者・谷口雅春著、全四十巻、日本教文社刊。
＊誌友会＝生長の家の聖典や月刊誌をテキストに教えを学ぶ信徒のつどい。

昇進の秘訣は夫婦の調和にあった

山梨県　会社員　岩島《いわしま》　省一《しょういち》さん（37歳）
恵美子《えみこ》さん（35歳）

警備会社に勤務する岩島さんは、営業の仕事が忙しく、家族との団らんもなく、夫婦仲が険悪に……。だが長女の病気がきっかけとなって夫婦調和の大切さを知った。そして、上司との確執をのりこえた時、営業所長に昇進。家庭も仕事も順調に……

大学を卒業してから、二度転職し、いまの会社に勤めて八年になりますね。なかなか自分で満足する仕事を見つけるのは大変なことですが、やっと責任ある立場について仕事の面白味がわかってきたところです。

現在の警備保障の仕事は、企業向きのものから、一般家庭向きにシフトしてきましたね。警報機などの設置や、寝たきり老人の緊急医療サービスなど。高齢化社会を迎えて福祉の分野でプロの仕事が求められています。保険と同じ感覚の個人向けの安全保障が、新時代のニーズですね。新しい業務なので、仕事に振り回されるんじゃなく、追いかけてゆけるようになりたいですね。

いままでは自分の仕事のことで精一杯でしたが、これからは家族の幸せも考えてゆかねばと、最近つくづく思いますね。生長の家は小さい頃から知っていたんですが、しばらく教えから遠ざかっていたので、あらためて学び直してみると、新鮮な発見がありました。

新潟県直江津市（現上越市）の出身。山梨県の大学を卒業後、新潟の測量会社に就職。昭和五十五年に、学生時代から交際していた恵美子さんと結婚、その後山梨の会社に転職した。独立を志したが思うようにならず、S社に移った。業界でもトップの警備保障会社で、社員は二万名、営業所は全国に六百以上。三十代半ばで幹部候補に昇進。新潟在住の祖母や母親が生長の家の熱心な信徒で、その影響で教えに

勝沼のブドウ園を散策する岩島省一さんと妻の恵美子さん

ふれた。

長女が高熱で入院

六年前のことです。当時三歳の長女がある日突然、三十九度の高熱を出して苦しみだしたのです。

私はその頃、現場の警備要員で夜勤が多く、帰宅しても疲れきって家族と団らんする余裕もありませんでした。夜働いて朝方帰ってくるので、子供が遊んでいる昼間の時間は眠っているわけで、長女たちが騒ぐと「うるさい」と叱《しか》ってしまう。妻もずいぶん気を使っていました。家では、それこそ「メシ、フロ、寝る」くらいしか口をきかず、妻の話相手もしなかった。夫婦仲も冷えきって、まるで父親のいない母子家庭。そんな中で妻が育児ノイローゼになってしまったのも無理ありません。

そして、娘の病気……。心底《しんそこ》困り果てました。病院へ連れて行っても、医者は原因不明と言うばかりでした。

妻・恵美子さんの話

「夜勤の主人は、家ではいつも不機嫌でした。会社の上司とうまくいかなかったようです。長女が入院することになり、家には次女もいましたので私はパニックに……。そのとき主人が、『こんなときこそ生長の家に』と言うので、初めて生長の家山梨県教化部*を訪ねたんです。そこで辻講師に個人指導をうけたんですが、『ご主人に感謝していますか。子供の病気は夫婦の不調和の現われですよ。ご主人に感謝し讃嘆するように』と言われたんです。

結婚した際に、主人の母から『女性の幸福365章』（谷口雅春著*、日本教文社刊）という本を戴いていたんです。読んでみて、ああ私もこんな生活が出来たらいいなあと思っていたんですが、教えてくださる方も身近にいなかったのでそれっきりに。個人指導は有難かったですね」

ほんとうに、娘の病気は私たち親の心のカゲだったと反省させられました。私は夜勤先で、生長の家のお経の『甘露《かんろ》の法雨《ほうう》』を一所懸命に読誦《とくじゅ》しましたよ。そして妻には、夫として父親としての不徳を詫《わ》びました。

それから三日もすると、不思議なことに長女の熱が下がりはじめたんです。病院で色々検査を受けた結果、ヨウレン菌が検出され「慢性腎盂炎《じんうえん》」と診断されましたが、一ヵ月半で完治して元の生活に戻ることができたんです。

その後に私は営業の仕事に変わり、時間の融通がつくようになって、家族サービスも何とか出来るようになりました。妻は本来明るい性格でしたのでその美点を褒《ほ》め、夫婦で生長の家の本を読みながら、子供たちを伸び伸び育てようとじっくり話し合いました。

「ご本には、〝明るい笑顔・優しい言葉・讃《ほ》めことば〟が大切とありましたので、それを実行するように努めました」と語る恵美子さんは手芸が得意。家の中のあちこちに刺繍《ししゅう》やアップリケが飾られて楽しげだ。子供部屋では、長女の彩希《さき》ちゃん（9）と次女の由佳ちゃん（8）がキャッキャッと仲良く遊んでいる。

幹部への昇進、試験に次々合格

家庭が明るく調和すると、仕事にも意欲が湧《わ》いてきましたね。そして、生長の家の行事に参加するようになると、三年間も合格できなかった「四級職」の昇進試験にすんなりと合格できたんです。

「心が変わると、環境も変わる」と実感しましたね。うちの会社はシステム化が進んでいて全て業務マニュアルがあり、一般教養と業務内容の試験に合格しないと昇進できない仕組なんです。

さらに平成二年の秋は、幹部候補にあたる「五級職」の試験にもチャレンジしました。その時のことなんですが、ちょうど試験日に、大切なお客さんとのアポイントがあって試験を中座しなければならなかった。ペーパー試験が一時間半あるんですが、二十分で外に出たんです。午後の面接試験には戻れました。面接では、「自己申告書」を提出して社長や役員の前で、自分はこれだけのことが出来るという自己アピールをするんです。趣味欄があって、自分は何の趣味もないのでとりあえず「読書」と記入したんですが、そうしたらそこに質問が集中しちゃったんですよ。慌《あわ》てましたねえ。

「読書が趣味か。ゴルフはやらんのかね」と不満気な役員。

「……はい」

「それで、最近はどんな本を読んだかね」

「え、えーと。（必死で頭をひねって）京仏師の松久朋琳《まつひさほうりん》さんの『佛《ほとけ》の聲《こえ》を彫る』（日本教文社刊）という本を読みました。これは仏様は心のなかにいるという内容で、それを彫り出すのが究極の仏像作りだと……（懸命に説明）」

「ほおー。（一同感心）君は営業一筋とばかり思っていたが、そういう精神世界の本を読んでいるとは知らなかった」

経営トップともなると、宗教にも造詣《ぞうけい》があり、話がはずんだと、岩島さんは身ぶり手ぶりで巧《たく》みに状況を再現した。

こんな具合いでスムーズに面接が終わりました。面接の印象がよかったせいか、結果はストレートで合格。嬉しかったですねえ。受験者三十数名の中たったひとりでした。大会社ですから仕事が出来る人は大勢います。プラス・アルファで何が出来るか問われるわけで、私の場合は生長の家の〝生き方〟がその「アルファ」だと思っています。

〝鬼のような〟上司の出現

話が逆戻りしますが、じつは「五級職」昇級前後の一年間は、大変な試練のときだったんです。平成二年春に、新しい営業所長が赴任《ふにん》して来たんですが、ものすごく厳しい人だった。社員の一人一人に対して、書類の書き方や電話の掛け方、車の運転にいたる一挙手一投足まで細かいチェック。三十過ぎの私もまるで新入社員のように叱られました。もう〝鬼のような〟上司だと思いましてね、出社するのがイヤになった。地獄で針のムシロの上に座らされているような毎日で……。

それならと、朝はすぐ外回りに出かけ、夜は遅く営業所に戻るようにして、その上司と顔を合わさないようにしたんです。でもそんなこと長続きするわけがなかった。

こういう上司に、反発する社員も多く、耐えられずに辞《や》めた人さえいました。

「主人の悩みは深刻そうでした。でも私に出来るのは、ひたすら明るく振舞って、主人を信じて褒《ほ》め、応援することだけ。朝、〝いってらっしゃい〟と笑顔で見送ると、〝うん、イヤだけど行ってくる〟って出かけました（笑）」と、恵美子さん。このときの岩島さんには〝妻の笑顔〟が最大の支えだった。どんなに仕事が苦しくとも、家庭に〝天国〟があれば救われる。辛《つら》いときこそ夫を讃嘆する妻。『天国とは場所ではなくて、理解し合った魂の集団』。夫婦の絆《きずな》はこうして強くなり、夫の成功のかげには妻の微笑《ほほえ》みがあった……。

妻の笑顔に励まされ、「これではいけない」と思い直したんです。「この上司は一見厳しくみえるけれども、自分を正しい方向に導いてくださる〝観世音菩薩《かんぜおんぼさつ》＊〟に違いない。この試練を乗り越えれば、必ず次の段階がある。私を鍛えて下さって、ありがとうございます」と感謝する気持に切り替えたんです。あとはもう「神想観《しんそうかん》＊」で祈るしかなかったですね。

厳しい反面、公平を絵に描いたような上司でした。全員等しく怒られましたから（笑）。けれど指摘されることは正しい。見方を変えれば、この上司の言う通り実行すれば間違いないと私は思うようになりました。そんな営業所の雰囲気の中で、昇級試験に挑戦して合格したわけなんです。

そして半年後のある日のこと、上司から呼び出しがありました。何か間違いをしでかしたかなと、及び腰で机の前に行くと、突然、辞令を読み上げたんです。

「岩島省一、平成三年八月一日をもって、山梨北営業所所長を命ず」

と言い渡されたのにはびっくり。

家に帰ると、早速妻に報告して手を取り合って喜びました。

振り返ってみれば、〝鬼〟とみえた上司のキツイ態度は決して本心ではなく、次の所長として耐えうる人材を求めていたに過ぎなかった。いま所長の立場になって分かりましたが、前任の上司は最も効率的な仕事環境を整えてくれていたんです。やっぱり上司は〝観世音菩薩〟だった。

「人間は神の子だから、本来悪い人はいない」――これが善一元《ぜんいちげん》の生長の家の光明思想ですね。この教えを知らなかったら、いまの自分はなかった。マイナスとみえる環境でも心次第でプラスに転ずることを実体験しました。えっ、私の体験の「キーワード」は何かって。そうですね……やっぱり〝カンシャ〟でしょうか。

甲州の風土にすっかり馴染《なじ》んだ岩島さん。温厚な風貌《ふうぼう》にもかかわらず、武田信玄の騎《き》馬《ば》軍団のようにダダダッと一気に体験を語った。じつは前夜、帰宅したのは夜十二時すぎで、その直後に緊急連絡で再び外出し、警察に駆けつけたという。担当地域の工場で警報が鳴り、巡回ガードマンが侵入者を発見して取り押さえたので事情聴取に立ち会うためだ。昨夜の睡眠時間は三時間たらず。そして取材当日は天気のよい休日とあって、撮影をかねて家族サービスのブドウ狩りに出かけることになった。腰にはポケットベルを付けたままで……。若手管理職は休日も気を抜けない。

（平成四年十二月号　取材／亀崎昌義　撮影／桜井永治）

＊教化部＝生長の家の地方における布教、伝道の拠点。巻末の「生長の家教化部一覧」を参照。
＊谷口雅春＝生長の家創始者。昭和六十年に満九十一歳にて昇天。
＊観世音菩薩＝仏教では、三十三身に身を変じて衆生を済度すると言われている。たとえば私たちの周囲に色んな姿となって、私たちに何かを教えておられる。
＊神想観＝生長の家独特の座禅的瞑想法。

妻への「ありがとう」でアトピー性皮膚炎が消えた

千葉県　会社員　河野暢一《かわののぶいち》さん（53歳）
睦子《むつこ》さん（51歳）

妻の欠点が気になって叱《しか》るたびに、自分の心も苦しんだ。ストレスが重なって、ひどいアトピー性皮膚炎に……。しかし、生長の家の教えに触れて妻を見る目が変わったとき、病いが消えた。

「二人の相性はやっぱり悪かったんだ」

妻を叱責《しっせき》すると、いつものように心の中で思い返した。夫婦はいがみあうのは当り前で、仲のいい夫婦をみるとむしろ不思議にさえ思えた。二年前までの河野暢一さんの姿である——。

千葉県八千代市に住む河野さんは、船橋市内の保険会社に勤め、妻の睦子さんは専業主婦。二人の子どもはすでに結婚し、今は睦子さんと二人暮らし。河野さんは部屋の中に並んだ植木鉢に目をやると、

「夫婦仲がうまくいってなかったときには、植木を買ってきてもなぜか枯れてしまってたんです。ところが今は花が咲くようになってね」

と言う。かたわらで睦子さんも微笑《ほほえ》んだ。

河野さんは昭和三十九年に睦子さんと恋愛結婚した。結婚前にある占いで睦子さんとの相性を観《み》てもらったところ、相性が悪いと言われた。少し心に引っかかったが、気持が揺らぐほどのことでもなかった。が、夫婦生活が始まると、次第に〝相性の悪さ〟を実感するようになる。

「電話の応対がよくない」「食事が美味しくない」「友人との付き合いで家を空けるな」等々、河野さんの妻に対する小言は増えていった。

「主人は普段は優しいんですが、私の生活面では厳しく注意するんです。たとえ同じ事をやっても、ある時は気が利かないと叱《しか》られ、ある時は気を回しすぎると叱られ、主人

「今ではお互いに誉め合う言葉が自然に出てくるようになりました」と語る河野さん夫妻。自宅近くの公園にて

が気に入ることは滅多《めった》になかったんですよ」

結婚当初、睦子さんは夫に反論することもあった。が、河野さんはいったん言い出したことはぜったいに曲げず、時には妻に手をあげたこともあった。河野さんが離婚しようと口走ったのは一度や二度ではないという。

「妻が自分の思うように動いてくれなかったりすると、それを言葉でよくしようと思って叱ってしまうんです」

反論したくても反論できない睦子さんは、夫に対する不満が昂《こう》じると、しばしば胃痛と嘔吐《おうと》で寝込むことがあった。そんな時にも河野さんは横になっている妻を見て、「なぜ寝ているんだ」となじった。

そんな夫婦のいさかいが、子どもに悪影響を及ぼさないはずはなかった。次女が高校生になった頃から父親に反発し、母親としか口を利かなくなってしまったのだ。河野さんは反抗する娘にも厳しい口調で叱った。しかし妻や娘を責めながらも河野さんの心の中ではストレスが溜《た》まっていった。

夫婦と信仰

両親がある新興宗教を信仰していたので、河野さんも子どもの頃から熱心な信徒であった。

「私の信じていた宗教では、現象的に現れているものを直視して、その悪いところを矯《きょう》正《せい》することによって善に導くというものだったんです。だから妻を叱るのも、当然のことだと思っていました。でも一方では夫婦の仲が悪いというのは良くない、ということも分かっていたんです。だから、あんなにきつく妻を叱らない方がよかったと後で思うこともありました。でも自分の非を認めるようで、できなかったんです。信仰と実生活が一致してないから、信仰をやればやるほど心が苦しくなるという状態でした」

河野さんは家では家族と不調和な生活を送っているのに、信徒の前では模範的な信仰者として振る舞っていることに良心の呵責《かしやく》を感じた。ところが河野さんの悩みは夫婦の問題だけにとどまらなかった。

河野さんは四十代のはじめ頃から軽いアトピー性皮膚炎になり、病院に通っていた。

それが、五年ほど前から頭から身体全体にかけて広範囲に湿疹《しっしん》が出るようになり、膿《うみ》で汚れたシャツを毎日取り替えなければならなくなった。

薬も投与し続けたが効き目はあまりなく、さらに喘息《ぜんそく》の発作がでて、救急車で病院に運ばれたこともあった。

「人間には生老病死という四苦があり、病気で苦しむのも修行の一つだと思っていたんです。病気で苦しみながらも、心の底では病気を歓迎していたのかもしれませんね」

自分の信仰を疑ったことなどなかった河野さんだが、一向によくならない病気で苦しむ自分を省みて、それまでの信仰への疑念が頭をよぎるようになった。

平成五年の夏のこと、河野さんはたまたま入った本屋で一冊の本を手にした。国際流通グループヤオハン代表の和田一夫氏が書いた『信念は必ず実現する』という本だった。ヤオハンや和田氏のことなど何も知らなかったが、タイトルの強い調子の言葉に引かれて買い求めたという。その中には和田氏が生長の家という宗教を基に世界の流通王として成功したことなどが書かれてあった。

「生長の家とはどんな宗教なんだろうかと思いました。他の宗教に関心をもったのは生まれてはじめてでしたね」

河野さんはその本を読み進むうち、自分の境遇や運命を変える〝言葉の力〟を説く生長の家の教えに、これまでの人生の中で見落としていた真理があるのではないかと思った。河野さんは生長の家について宗教辞典で調べ、さらに生長の家本部*にも電話をかけてみた。そこで生長の家千葉県教化部の所在を教えられ、近くに住んでいる生長の家の信徒、井川徳美《いかわのりよし》さん（53）を紹介してもらった。

調和へ

井川さんは、近く自宅で生長の家の信徒の集まりがあるからと、河野さんに参加を勧《すす》めた。河野さんは、そこで、自分の病気のことや家族の不和のことを、講師の白水武信《しろうずたけのぶ》さん（72）に話した。すると白水さんは、一枚の葉書大の紙を河野さんに差し出した。それには、つぎのような意味の言葉が書かれてあった。

『生命の実相とは、この世界がこのまま神の国であり、人間はそのまま神の子であるということである。観《み》ればそれが現れ、観なければ現れることはない。だから心を静めて実相を見なさい。現象にいかなる悪が顕《あらわ》れようとも、それらは神が作ったものではない。だから悪を気にかけることなく、ただその人に宿る円満完全な姿を観れば、円満完全な実相が現れるのである』

「実相という言葉を知って感激しましてね。この世の中に悪はないんだと、そして本当にあるものは完全円満な実相だけなんだと。長年、心の隅にいつも何となく埋め尽くせない空虚なものがあったんですが、実相という言葉との出会いでそれが埋められるような感じがしました」

道を求める強い信仰心を持っていただけに、受けた感激も大きかった。

「現象にばかり捉《とら》われて生活してきた自分は今までいったい何をしてきたのだろう。家族を不幸にしただけではなかったか……」

うれしさのあまり跳《は》ねるように家に帰ると、睦子さんの顔を見るなり歓喜の声を上げた。

「生長の家に入ってきたよ！」

睦子さんは、何のことか判らなかったが、ここ何年も見たことのなかったウキウキした夫の顔を見て、暗い家庭にようやく明かりが灯《とも》ったような喜びを感じとったという。

それから河野さんは借りてきた『生命の實相』をむさぼり読んだ。妻への態度もその日を境に変わった。

「今まで自分は、現象的に現れている妻の欠点ばかり見つけていたけど、それは間違いだったなと。欠点と見て指摘すれば、それが無くなるどころか、見たものが現れる。それに気づかなかったから長年妻と不調和だったということが分かったんです。妻は本来完全円満ですばらしい神の子なんだと思えるようになったら、妻が別れずにいつも一緒にいてくれたということが有り難くてね。感謝の言葉が自然と出ていたんですよ」

相性が悪いという想念は心の底から消えていた。妻に対しては「有り難う」「きれいだね」「今日も食事がおいしいよ」という言葉が出てくる。すると不思議なことがおきた。何年も苦しんでいたアトピー性皮膚炎が、次第に治まって皮膚がきれいになってきたのだ。

性格が変わり、優しくなった河野さんに、子どもたちからも「お父さんとお母さんは仲がいいね」という言葉が返ってきた。

「実相で観ると私たち家族は、未だかつて言い争ったり、不調和だったことはなかったんだよ」

妻にそう語りかけると、睦子さんはにこりと頷《うなず》いた。

（平成七年七月号　取材／水上有二　撮影／堀隆弘）

＊生長の家本部＝生長の家の布教、伝道の中央拠点。巻末の「生長の家練成会案内」を参照。

夫婦が調和したとき
借金地獄は地上の楽園に

高知県　バス運転手　田内《たのうち》　良一《りょういち》さん（58歳）
智恵《ちえ》さん（49歳）

借金地獄。債鬼。〝逃げたい〟と思っていたときには暗く重くのしかかっていた世界が、クルンと心が変わったとき、まったくちがって見えた。心が変わったとき、世界も変わった。

このまま朝が来なければ……。

寝る前にはいつもそう思った。が、朝は確実にやって来た。〝朝の来ない夜はない〟というが、その格言も、どこか他所《よそ》の世界のものだった。朝は地獄の一日の始まりでしかなかった。

仕事の休憩時間には公衆電話に走り、電話をかけまくった。すべて借金取り立ての連絡に先回りするためだった。だが、それもあちらを塞《ふさ》げば、こちらが破《やぶ》れるという有様で、破綻《はたん》は時間の問題だった。

「もう八方塞がったきに。今こうしておるのが、まっこと不思議な気がしてね」

田内さんは感に堪えないというように言った。

崖《がけ》っぷち

田内さんの多額の借金が妻、智恵さんに露見したのは、昭和五十六年のこと。突然、目の前に突き出された二千万円という数字に、智恵さんは体じゅうに悪寒《おかん》が走った。しかも借入先はサラ金、街《まち》金融など数十社に及び、自転車操業の結果、数字は複雑に入り組んでいた。当時新聞に載っていた「サラ金地獄」という言葉が、自分たちの家庭に侵入して来ようとは思ってもみなかった。

借金の原因は友だちづき合いから軽く手を染めたギャンブルのためだった。競馬、競輪からギャンブルと名のつくものにはすべて手を出した。借金も最初こそ抵抗感があったが、そのうち慢性になった。気がつけば三年間に借金の山。もともと田内さんは酒も

30年余りの結婚生活を経て「あたり前のことがこんなに有難いなんて」と口をそろえる。自宅縁側で孫の卓茉君と

煙草《たばこ》ものまない。仕事一筋の夫と思い込んでいただけに、智恵さんの驚愕《きょうがく》ぶりは、寿命を縮めるようなものだった。万事休した夫婦は田内さんの兄弟などに相談し、清算してもらい、急場を凌《しの》いだ。が、借り先が変わっただけ。返すべきものは返さなければならない。智恵さんは遠縁の旅館に働きに出た。朝からはレストランで働き、いったん原付自転車で自宅に戻ると、高校生と中学生だった二人の娘のために夕食の支度を整え、夕方からは宴会の配膳などの仕事をこなした。帰宅が夜十二時を回ることも少なくなかった。

夫婦とはいえ自分のつくった借金ではない。その借金のために身を粉《こ》にして働かねばならない。

「離婚を申し入れたこともありますぅ。でも、この人、とぼけとるのか『何でお前が出て行かななならんのじゃ』でしょ。この人、バカじゃなかろうかと思いましたワ」

姑《しゅうとめ》の春江さん（85）に当たることもあった。春江さんにしても息子の不始末からという気持がある。智恵さんに「出て行かんでくれ」と何度も頭を下げた。近くに住んでいたこともあり、訪ねて来てはゴロッと横になった田内さんの枕元で泣きながら「おまん、何でこんなことを」と言い続けた。田内さんは無言だった。

だが、田内さんにも居《い》た堪《たま》らない想《おも》いがあった。「帰って来ても女房はおらん。借金のぶんを、はよ取り戻したらなイカンと思ったきに」

田内さんは、またもギャンブルに手を出した。だが、思惑《しわく》は見事に外《はず》れ、わずか半年後にはまたも二千万円ほどの借金ができた。

逃げるか、一家離散か。もうあとがなかった。

誓い

知り合いの中には「逃げろ」と勧《すす》めてくれる人もいた。言われるまでもなく、逃げてすこしでも楽になりたかった。が、だいいち子供たちはどうする。崖っぷちで悶々《もんもん》とするなか離婚を決意した智恵さんは二人の娘に相談した。下の娘はこう言った。

「出て行くなら一人で出て行ったらエエ。お父さんは病気ながやき、見捨てることは死んでも出来ん。そんな薄情なお母さんやとは思わなかった」

これで目からウロコが落ちたという。

そんなとき、智恵さんは勤め先の旅館で、ある集まりに誘われた。生長の家高知県教化部での五日間の練成会*だった。昭和五十七年七月のことである。生長の家のことは前から知っていたものの、智恵さんはいやいや行った。が、最終日の決意発表では「主人に土下座して謝《あやま》り、感謝するようにします」と言ってしまっていた。心ならずものことだった。生長の家の会合では、誰も夫を責めるどころか「借金ができるのは信用がある証拠」とか「ご主人は大物」としか言われない。智恵さんにはそれが心中、面白くなかったのだ。

「言ったことは実行せんとと思い、清水《きよみず》の舞台から飛び降りるような気持で『お父さん、ありがとうございます』と言いましたワ」

驚いたのは朝、起きぬけに合掌された田内さんだ。

「気が狂うたかと思いました。〃借金はある、女房は狂う〃。一瞬、ハラのなかに〃これでしまいや〃とズンときました」

が、夫婦は揃《そろ》って翌月、生長の家本部練成道場*での練成会に参加する。

「主人はいやいやで、逃げるように行ったんですワ」

それくらいだから練成道場での田内さんは無関心そのもの。智恵さんが熱心に行事に参加するいっぽうで、体験発表があると聞いても「またウソ言いよる、行くな、行くな」と無関心派の仲間を引きとめた。ただ、広い道場の畳《たたみ》を拭《ふ》く感謝行《かんしゃぎょう》*のときだった。「お父さん、有り難うございます。お母さん、有り難うございます」と言いながら、啜《すす》り泣いている人もいた。気持が微《かす》かながら動く。

「自分もほんのり泣き始めたところで終わりの号令がかかった。ボクはすこしニブイきによ」

練成会から戻ると、待っていたのは相変わらずの借金の山だった。逃げたい気持にも変わりはなかった。

その年の暮れ。田内さんは吉松健吉さん（55）に愛媛教区の松山練成会に誘われた。吉松さんは、借金苦のさなか転居した先の隣に住む人だった。田内さんはなかなか首をたてに振らなかった。借金に追いまくられているのに、五日間も仕事を休めない、という気持からだった。が、吉松さんの根気にとうとう「俺、行くきに」と頷《うなず》いた。吉松さんが言う。

「あの切羽詰《せっぱ》まった中でよう行くと言ってくれました。『行く』と頷《うなず》いたときは泪《なみだ》が出ましたな」

五十八年一月、夫婦は松山練成会に参加した。浄心行《じょうしんぎょう》＊のあとの感想発表会で、田内さんの心がクルンと変わった。参加者が多いことから発表は司会者の指名で行われた。人前で話すことが苦手な田内さんは、はじめのうちは〝回ってこんといいが……〟と思っていた。智恵さんも「マイクが回って来ても人に渡してよう言わんだろと思ってましたワ」と言う。が、指名されるや否《いな》や田内さんはマイクを手にスッと立ち、破《わ》れ鐘《がね》のような声で想いをぶつけていた。

「賭《か》け事で親、兄弟、女房子供に迷惑をかけました。この場を借りて賭け事はいっさいせんと誓います」

三百人ほどの参加者のなかからいっせいに歓声が響き、嵐のような拍手が湧《わ》き起こった。

「心の中から自然に〝賭け事をしとったら助からん、しなかったら助かる〟いう気持になったんですワ。あんときのことは今でもよう忘れん」

恐怖が消えた

〝逃げたい〟という気持が消えた。借り先と話し合って返していこう、と気持が前を向いた。金利をストップしてもらい、十年で返済するというのが田内さんの腹づもりだった。練成会から帰った翌日、一軒目の業者に飛び込んだ。が、そこでは「これでは呑《の》めんがや」と門前払いを喰《く》った。そこで智恵さんは吉松さんに相談した。公認会計士事務所に勤める吉松さんは、綿密な返済計画書を作成してくれた。それを手に夫婦は一軒一軒、業者を回り始めた。

「今考えたら向こう見ずと思いますが、主人と、ヤクザの親分のところに乗り込んだこともあります」

が、行く前には、『私は貴方《あなた》を赦《ゆる》しました。貴方も私を赦しました。貴方と私は神においで一体でございます。……貴方に感謝しております。貴方も私に感謝しております。ありがとうございます……』と心のなかで唱《とな》える和解の神想観を欠かさなかったので、恐怖心はなかった。〝逃げたい〟と思っていたときには鬼に思えた業者も、夫婦の誠心誠意の態度に快く話し合いに応じた。ある業者は「これでは無理じゃなかろうか。ちょっと下げてあげるきに」と負担を軽くしてくれもした。

吉松さんがこう語る。

「恐怖心で逃げていたのが、その恐怖の世界にハラを割って話しに行く。天と地のちがいですワ。やっぱり練成会は生長の家のすばらしさをギュッと絞《しぼ》ったものなんですな」

田内さんの給料が返済に当てられ、智恵さんの働きが生活を支えた。当初の三年間はドン底の生活だったという。一つの皿の物を四人で分け合って食べる日が続いた。だが、昭和三十八年入社のベテラン、田内さんの給料は上がり、同僚の間でも高給取りの部類に入っていった。智恵さんも旅館を辞め、建設会社の事務の仕事に就《つ》いた。三年を境に生活はしだいに平穏さを取り戻していく。

「借金は夫婦の調和ができていなかった結果だったんですぅ。現象的には金銭のことであっても、もともとは夫婦の不調和。これが最初は分からなかったんですワ。生長の家の講師の方に『奥さん、ご主人は賭け事で、ほんまは奥さんに勝ちたかったんちがうやろか』と言われたときはショックでしたワ」

すべて明るく

田内さんの自宅を訪ねた。犬小舎《いぬごや》の戸を開けると雑種の黒犬が飛び出してきた。愛犬クロ。

「この犬賢いことは賢いんやがよう吠《ほ》えるんですワ」と田内さんは言うが、じつはクロが吠えたお蔭で夫婦はマイホームを手に入れたのである。

クロは夫婦の前の住まいに迷い込み、そのまま居ついたが、あるときぷいと姿を消した。保健所の収容施設に引きとりに行ったときは処分される寸前。人に噛《か》みついた〝前歴〟も加わり、風前の灯《ともしび》だった。それを三拝九拝して引きとってきたのはいいが、吠えて仕方がない。役場を介して近所から苦情も寄せられた。迷惑にならないよう、どこか農家の離れでも借りよう。それが発端だった。

「私は会社の仕事で人の家の世話はさしてもらいおりました。自分らの家は夢のまた夢でしたワ」

借家探しを頼んでいた不動産屋の奥さんが持ち込んできた話は売家だった。家を見た途端《とたん》〝こんな家に住めたらいいきに〟と思ったが、障害が立ちはだかる。土地の一部に私道が入り込み、それを売ってもらわないとどうにもならない。いや、それより前に肝心な金がない。

だが、話は急展開する。私道の持ち主は智恵さんの勤める会社の社長と昵懇《じっこん》の間柄で、顔見知りの人だった。「あんたら夫婦だったら売ってもいいきに」ということになった。智恵さんは仕事で何度も会っている銀行の支店長に融資の相談に行く。ダメもとのつもりだったが、二つ返事でOKが出た。業者への借金も粗方《あらかた》済んでいたこともあり、夫婦は思いもかけずマイホームを手に入れた。平成四年六月のことだ。

「生長の家ではうるさい（辛い）ときも、明るいことを考えろ、と教えています。お金もない、食べる米もないのに楽しいことは考えられませんワ。でも、うるさいときに十年後の主人のこと、家族のことを明るく考えるようにしたんですワ。時間がかかったけど、やっぱり教えのとおりでしたワ」

田内さんは今も土佐電気鉄道に勤務。高知空港―高知駅間のバスの運転手を務めるが、定年後は智恵さんと生長の家の全教区の練成会に参加するのが夢だ。

「まっこと、生長の家はすばらしい。ボクらいろんな人にお世話になり、ほんとに恵まれとります」

ふだん口下手を自認する田内さんが、満面笑みを湛《たた》えて言った。

（平成八年四月号　取材／奥田益也　撮影／堀隆弘）

＊練成会＝合宿して生長の家の教えを学び、実践するつどい。全国各地で毎月行われている。お問い合わせ先は、巻末の「生長の家練成会案内」「生長の家教化部一覧」を参照。

＊生長の家本部練成道場＝巻末の「生長の家練成会案内」を参照。

＊感謝行＝天地一切のものへの感謝をこめて、宿泊した部屋の掃除などをすること。練成会では掃除も行《ぎょう》のひとつとなる。

＊浄心行＝心の中にある憎しみや悲しみなどを紙に書き、それを生長の家のお経を読誦する中で、焼却し、心を浄める宗教行事。

幸せをもたらした祈りあう心

静岡県　農業　水野《みずの》　恒久《つねひさ》さん（50歳）
八重子《やえこ》さん（53歳）

水野八重子さんが、夫の恒久さんのもとに嫁いでから、二十九年の歳月が流れた。一時は離婚問題に悩んだ夫婦も、今は互いの心が通い合う充実した毎日だ。そんな幸福を水野家にもたらしたのは、互いのしあわせを祈りあう生長の家信徒たちの姿だった。

水野家は、六千三百坪の茶畑のほか、三百坪の畑に里芋《さといも》、パセリ、サツマイモを栽培している旧家である。

サツマイモは、蒸して天日《てんぴ》に干され、この土地特有の強い風で美味しい切り干し芋となる。また、家族総出で刈り入れをするお茶は、四月下旬の新茶を皮切りに、年に四回収穫され、美味しい「やぶきた茶」として出荷される。

水野さん夫婦の仲良く寄り添う現在の姿からは想像しにくいが、生長の家の教えにふれたのは、離婚問題が持ち上がった時だった。

なぜ夫を拝むの？

八重子さんは磐田《いわた》市生まれで五人きょうだいの末っ子。幼い頃に両親が離婚し、経済的にも苦しい母子家庭で育った。幼い時から体が弱く、肺炎で死にかけたことがあり、また中学の時に結核にかかり、卒業してからも療養生活を強いられた。

その頃、日蓮系の宗教に誘われ、勧められるまま、勤行《ごんぎょう》に精を出した。その結果、結核が治ったことに感激した八重子さんは、その宗教の女子部の幹部として、布教活動に打ち込むようになった。

昭和四十五年、二十五歳の時に三歳年下の恒久《つねひさ》さんと、同じ会社で知り合い職場結婚。二年後には長女の理英《りえ》さんが生まれ、その四年後、一家は農業を継ぐために恒久さんの実家に同居した。

理英さんが小学校二年生になった頃、八重子さんは静岡市に本社がある、下着などの訪問販売の会社に勤め始めた。そして、部下の教育をするトレーナーとして全国に出張した。しかし、家にいない日が多い妻に、恒久さんは不満をもち、朝から怒鳴《どな》り声が飛ぶようになっていった。

「自分は正しいといつも思っていたんですね。結婚する時も、その宗教のマークが入った自分の仏壇を持って嫁に来ましたし、水野の両親にしてみれば、我慢することの多い、悩み多き嫁だったと思います」

二人の溝は日に日に深まり、八重子さんは理英さんを連れて離婚することを決意した。

「娘が学校でお別れを言って来た日は本当に辛《つら》い思いをしました。私も母と同じ道を歩むのかと思って……」

その頃、近所に住む、恒久さんの同級生であり、八重子さんの友人にもなっていた稲垣さち子さんが、生長の家の月刊誌を毎月、水野家に持って来てくれていた。が、八重子さんは全く読んでいなかった。しかし、ある日なぜかフッと『白鳩』*というその雑誌が目にとまり、ページをめくってみた。そこには酒乱の夫の後ろ姿を、妻が拝み続けた

見渡す限り緑でいっぱいの茶畑で。「二人で生長の家の集まりに行くのが楽しいですね」と恒久さん

ところ、夫が優しくなり、夫婦が調和した体験談が載っていた。

「悪くない妻が、暴力を振るう夫をなぜ拝むの？　という疑問がありましたが、読み進むうちに、あぁ、私は夫をないがしろにしていたと、そう思えたんです」

さっそく稲垣さんの家に行き、「さっちゃん、私、もう一度やり直すことにした」と言うと、稲垣さんは「私、一所懸命に祈っていたのよ。今日が二十一日目の満願の日だった」と嬉《うれ》し涙をこぼして喜んでくれた。

人のために祈る喜び

八重子さんは、稲垣さん宅で開かれている「生長の家白鳩会母親教室*」にはじめて参加した。そこで講師は「生長の家のお経の『甘露の法雨』には、法華経の真髄が説かれている」と話した。その内容は分かりやすく、日蓮系の宗教団体で活動していた八重子さんも納得せざるを得なかった。それに、なにより生長の家でも法華経が説かれていると知って、心がパーッと明るくなって行くのを感じた。

「あなたは良い顔をしているから、これからはあなたのためになる人ばかりが集まって来るよ」という講師の言葉に、喜びが広がった。

また、「私は長い間、罰が当たるとか、地獄へ落ちるなどという言葉に脅《おど》かされて生きてきました。でも、本当の神様は決して罰など当てないと分かってうれしかった」と語る。

平成元年、恒久さんの妹の夫が肺ガンになり、一ヵ月足らずの命と医師に宣告された。それを聞いた稲垣さんは黙って、『甘露の法雨』の写経を行い、それを水野家のポストに入れておいてくれた。この愛と祈りのこもったお見舞いは、水野家の人たちを感激させた。

「妹の嘆《なげ》きは深く、母も沈んでいましたので、私も真剣に『甘露の法雨』を誦《あ》げて、祈りました。結局義弟は一ヵ月と言われた命を二年余り生きて、職場復帰も果たしましたが、平成三年に亡くなりました。でも、教えで永遠の命を知って、家族も心安らかに見送ることができたんです」

八重子さんはこの時、人のために祈る喜びを知ったのだった。

平成四年、今度は日頃から尊敬していた八重子さんの従姉妹《いとこ》が、脊髄《せきずい》ガンになった。

大きなショックを受けたが、何とか元気になってもらいたいと、毎晩、従姉妹の家に行き、稲垣さんの先導で、従姉妹の元気な姿を心に描いて祈り、『甘露の法雨』を誦げ、先祖供養をし、写経もした。

「この時、初めて主人が毎日一緒に行って祈ってくれたんです」

ほかの信徒さんも祈りに参加してくれ、総勢十五名で生長の家宇治別格本山*に一泊で、平癒祈願にも行った。

「すると、モルヒネで止めていた従姉妹の痛みが、それっきりなくなってしまったんです。従姉妹は平成六年に亡くなったのですが、祈りを続けているうちに気が付いてみると、主人が優しくなり、我が家がすっかり仲良く明るくなっていたんです」

ひとり娘の結婚

八重子さんが独立し、袋井市に事務所を開いて下着の販売をしていた平成五年の暮れ。高校を卒業後、八重子さんの事務所で働いていた娘の理英さん（当時22歳）から、結婚したい相手がいると告げられた。しかも、既に妊娠していると知ってショックを受けた。

「主人や両親に話すと、みんな驚きましたが、父は『家を絶やすことはできないから、うちに来てくれるのなら、異存はない』と言ってくれた」

ところが、相手も一人息子だと分かり、水野家は途方《とほう》にくれた。先方の家を訪れると、両親は離婚していて、父子家庭だと分かった。互いに譲れない結婚の条件だった。しかし互いの気持が痛いほど分かり、目に涙が浮かんだ。

「祈ろうと思いました。相手の家庭の幸せだけを心から祈りました。そして娘には、『神の子』の素晴らしい生命を授《さず》かっているのだから、どんなことがあっても、赤ちゃんは絶対に堕《お》ろしてはいけないと言いました」

年が明けた一月三日、突然、先方の父と子が訪ねて来た。そして「息子を体一つでもらってやって下さい」と言ってくれたのだった。水野家の驚きと喜びは大きかった。

「あちらのお父さんが、息子さんに尋《き》かれたそうです。『お前は子供ができたから仕方なく結婚するのか、それとも本気で理英さんを愛しているから結婚したいのか』と」

今は水野賢也《けんや》となった青年は答えた。「理英さんを本気で愛しているから結婚したいんです」と。

「あちらのお父さんの大きな愛で実現した結婚でした」と八重子さんは感謝を込めて語る。こうして二人は無事二月に式を挙げ、六月に初孫の澄也《すみや》ちゃんが誕生した。

互いに相手の幸せだけを祈った結果であろう。「与える者は与えられる」の生長の家で教える法則通り、その後再婚した先方の家に、平成十年、赤ちゃんが生まれ、めでたく両家とも跡継ぎができた。

平成八年三月には、二番目の孫の未来《みく》ちゃんが生まれて、水野家は三世代の夫婦と、二人の幼児が同居する八人家族となった。

「その年は百年以上経《た》った家を壊して、主人が新しく家を建てました。建て前の日には家族全員で『甘露の法雨』を誦《あ》げ、主人が孫をおぶって屋根に上がり、親子四代で紅白の餅を撒《ま》いて、みんなに喜ばれました」

またその年、八重子さんは袋井から自宅敷地内に仕事の事務所を移し、商号も「美笑《びしょう》」と改名した。「一人一人を大切に、嬉しい微笑《ほほえ》み、愛溢《あふ》れて」との願いを込めた。

しかし、翌九年には、仕事上のトラブルで、売上げが大幅に下がり、多額の借金ができてしまった。こんな時こそ生長の家で学んだことを実行しようと、八重子さんは先祖供養や聖経読誦、神想観など、できることをすべて実践した。

そんなある日、生長の家静岡教区の代田健藏教化部長*が、八重子さんを訪れて事情を聞き、事務所で心を込めた祝福と讃嘆の祈りを行った。

それまで八重子さんは、恒久さんに借金ができたことを話せないでいたのだが、その夜は打ち明けることができた。恒久さんの助けで銀行から低い利息で借り入れし、大晦日にはすべてが解決した。

「問題が起きた本当の原因は、主人と心からの和解ができていなかったことにあったのですね。だから主人に『ハイ』の気持になったら、たちまち解決できたのでしょう」

これを契機に仕事は発展し、新しいメーカーと共同で健康肌着や健康食品のオリジナル商品の開発を行った。平成十年十一月の新商品の発表会には、浜松医大・高田明和教授の記念講演会が思いがけず実現した。

八重子さんは言う。「『実相を観ずる歌*』に、『吾《わ》れ祈れば天地応《こた》え、吾れ動けば宇宙動く』という歌詞がありますが、こんな私でも、祈れば、天地すべてのものが動くんだな、私の中に神様がいらっしゃるということが分かって、本当に嬉しいんです」

平成七年に生長の家地方講師となった八重子さんは、現在自宅で「生長の家栄える会」*の集まりや、母親教室を開いているが、今では恒久さんも栄える会の集まりに出ることを心待ちにしている。

「娘もそうでしたが、母親教室で学んだ教えを実行して、五人の若いお母さんが、みんな無痛分娩《ぶんべん》したんですよ。素晴らしいでしょ」

八重子さんの周囲には今、喜びの声があふれている。

(平成十一年七月号　取材／小林陽子　撮影／野澤葉子)

*『白鳩』＝生長の家の女性向けの月刊誌。
*生長の家白鳩会母親教室＝生長の家の女性のための組織である「生長の家白鳩会」が主催する、母親のための勉強会。お問い合わせは、最寄りの生長の家教化部へ。
*生長の家宇治別格本山＝巻末の「生長の家練成会案内」を参照。
*教化部長＝生長の家の各教区の責任者。
*「実相を観ずる歌」＝生長の家の聖歌。谷口雅春作詞。
*生長の家栄える会＝生長の家の経済人の集まり。お問い合わせは「生長の家栄える会中央部」へ。(東京都渋谷区神宮前一―二三―三〇　電話〇三―五四七四―六〇九〇　FAX〇三―五四七四―六〇三九)

「いつでも平凡」と言い切れる幸せ

広島県　おろしば商店専務　小路晃生《しょうじてるお》さん（50歳）
章代《あきよ》さん（50歳）

人から見れば、苦しいこと、つらいこと……。でも本人たちがそう受け取っていない場合、「いつもハッピー、いつも楽しい」となってしまう。人から見れば、恵まれていること、すばらしいこと。なのに「私は不幸、悲しいことばかり」と思う人もいる。生きていて、どちらが幸せだろう。小路さん夫妻は、それをはっきりと教えてくださった。

ＪＲ山陽本線広島駅から大竹駅までは約四十分。広島は六つの川が流れ、川の街ともいわれているが、そのうちの何本かを電車は横断する。思わず窓に顔を寄せ、見入ってしまうほどの幅広いおおらかな川。悪天候のため飛行機がＵターンするというハプニングに見舞われ、あせっていたが、気持が少しずつ安らいでいくような気がする。

駅から電話をかけて、ほんの一、二分後。小走りで迎えにきてくださった小路章代さんは、ショートカットと爽《さわ》やかな笑顔が実によく似合う女性。

「お疲れになったでしょう。たいへんでしたねえ。本当にありがとうございます……」

約束の時間にかなり遅れてしまったというのに、ただただこちらをねぎらうばかりの温かい言葉に包まれ、胸が熱くなるとともに、先ほど川を渡ったときと同じ安らぎを覚える。

小路さん夫妻の家は、駅に近く、ゆっくり歩いても三分ほど。門の前には手作りの〝献本箱〟があり、生長の家の月刊誌が入れられている。玄関を入って左手には、章代さんの母、小田茂代さん(77)が作ったという見事な庭園の模型、その前にはこれまた月刊誌の束がズラリ。右手のゲタ箱の上には、深々とおじぎをしているお人形があり、〝いらっしゃいませ、ようこそお待ちしていました〟と、章代さんの手で書かれている。

奥から出てきてくださったご主人、小路晃生さんも、

「お疲れになったでしょう。さあさあ、上がって、ゆっくりしてください」

「家族みんなで生長の家の活動ができるのは本当に楽しい」と
小路さん夫妻

と、夫人とまったく同じように温かく迎え入れてくれる。夫妻は心の奥底から記者を気づかい、歓迎してくださっている。家の中に一歩入るやいなや、ああ、ここは、〝生長の家〟なのだとあらためて思った。

二代目さんの素敵な出会い

小路さん夫妻が、ともに生長の家を学び始めてから、二十六年が過ぎようとしている。そもそも章代さんの実母、小田茂代さんが、小学生の章代さんの手をひき生長の家の誌友会に行くようになったのが始まりだ。章代さんは二代目の信徒ということになる。

「昔の夜道は暗いでしょう。だから私は母のボディーガード代わりについていったんです。小さい頃は、お話を聞いている母のそばで居眠りをしたりしていたんですけどね(笑)。熱心になったのは生高連(生長の家高校生連盟)に入ってからです」

母親にいわれたからというわけでもなく、章代さんは自分から進んで生長の家に入っていった。いや、〝入った〟という意識さえないままに。高校卒業後は尾道《おのみち》にある文化女学院(生長の家の花嫁学校、当時)に入学。卒業して大竹市に戻ると、どうしても市内に青年会*を作りたいと、一人で百軒以上の家を訪問して呼びかけた。

「その頃はね、若いこともあってものすごく燃えていましてねえ。たとえば、〝結婚するんなら、生長の家の人でない人としよう〟とか……。だって、そうすれば信徒さんが一人、確実に増えることになるでしょ（笑）」

が、当時の章代さんは、まもなく運命の出会いがあることを予想だにしていなかった。

小路晃生さんは、章代さんの従兄弟《いとこ》の知り合いだった。昭和三十九年に初めて紹介されたが、その後の一年は、章代さんの接触事故の相談で電話をかけたりする程度の〝知人〟のままだった。しかし、しばらく後に、章代さんが、というよりも母親の茂代さんが〝小路晃生さん〟という存在を心に深く刻みこむことになる。それは、章代さんが、友人同士で、九州へのドライブ旅行に行くことになったとき。

「旅行中に故障があったりするとこわいから、トヨタの人たち（当時、晃生さんはトヨタ自動車の大竹営業所に勤務していた）も誘おう、と。そこに、たまたま主人が参加していたんですよ。そのとき、出発の時間が過ぎても現れない人がいましてね。あとで聞けば、事故で遅れたらしいんですけど、メンバーもその親たちもイライラしていたんです。で、やっと来たとき、みな〝それ出発だー〟と車に飛び乗ったんです。ところが主人一人だけがメンバーの親たちに頭を下げ、〝どうもご心配をおかけしました。気をつけて行ってまいりますから〟というんです。母がもう、すっかり気にいってしまって……」（章代さん）

それからはトントン拍子で結婚へ。決め手となったのは、晃生さんの家を訪問したとき、両親から聞かされた、「私たち結婚してから一度もケンカしたことないのよ」という仲睦《むつ》まじい言葉。「だって、夫婦仲のいいところの子どもは絶対いい人だって思いましたから（笑）」

結婚は昭和四十年十一月二十一日。

「毎年、生長の家の秋季大祭の日が結婚記念日なんですよ！」

章代さんは「ネ？」とでもいうように、晃生さんと目を合わせ、嬉しそうに笑う。

知り合った当時のことを、まるでつい昨日のできごとのことのように話す二人。二十歳の頃に戻り、仲良く睦み合っているようにも見えて、ついついこちらの顔もほころんでしまった。

未知の世界もみ教えのままに

章代さんの母、小田茂代さんは、昭和二十四年から、婦人服地や製品の卸売会社〝おろしば商店〟を、実兄と共同で経営していた。小路さん夫妻が結婚した翌年の昭和四十一年、かねてから茂代さんに「うちを手伝ってくれないか」といわれていた晃生さんは、トヨタ自動車を退社、おろしば商店に勤務することになる。勤めるまでの僅かな休みに、夫妻は生長の家本部練成道場（東京・飛田給）の練成会に参加することにした。

章代さんの誘いに、すんなりと応じたわけをうかがうと、

「前々から、仕事とレジャーだけの生活っていうのは何かもの足りないなあと思っていたんです。何かもっと、心の糧《かて》となるようなものが持ちたいなあ、と……。で、家内とつき合い出して、生長の家の講演会にも何度か行くようになり、また、実は私の叔父も生長の家の信徒で、私は昔、『理想世界』*などを読んだこともあったので、抵抗感はなかったんです」と晃生さん。

練成会から帰る晃生さんを待っていたのは、ファッション業界という未知なる世界だ

った。生地の種類などとは無縁な世界にいた晃生さんにとって、ウール、アクリル、シルク、ポリエステル、ナイロン、合成繊維、半合成繊維、再生繊維、無機化繊……などなど、一から覚えることが山ほどある。最初の二、三年はただひたすらに覚えるだけで精いっぱいだった。

「つらいこともあったかなあ……。でも、新しい仕事についてからも、生長の家の講習会*や研修会にはずっと出るようにしていたんです。心の持ち方を明るく変えていったら必ずうまくいく。そんな話を聞き続けていたんでね、辞《や》めたいとは思いませんでしたね」

また、その頃、職場の先輩が言ってくれた、「小路君、今はたいへんかもしれないけど、この商売、慣れたらおもしろくておもしろくて辞められなくなるよ」という言葉を今でもはっきり覚えていると晃生さんはいう。

「あの人は、本当に上手に私を指導してくれました。すごい人でしたねえ」

もし晃生さんが生長の家に触れていなければ、その言葉はただ耳の中を風のように通り過ぎていっただけだったかもしれない。

三年たったあたりから、晃生さんは目標をたてて売上げを伸ばして行こうと決める。

最初の年は一千万円、次の年は二千万円、またその次の年は三千万円……、そしてついに十年間で一億円以上の売上げを達成したのだった。

「ファッション業界には流行があります。変化が激しい中、どんな生地を仕入れたら売れるかという勘が働くようになるまでに十年かかりました。しかしキャリアはもちろん大切ですが、本当に勘がさえるときっていうのは、どれがお客さまに喜ばれるだろうって、真剣に考えたときなんですね。それが体験的によくわかりました。休みをとって生長の家の集まりに出ることもあります。休んでお金にもならないことをやっても……と思う人がいるかもしれませんが、必ずそれ以上のものが返ってくるんです」

晃生さんは今、地方講師として生長の家の教えを伝える側にある。営業用のワゴン車に生長の家の月刊誌をたくさん積みこみ、仕事の合間に話ができる機会があれば、手渡すようにしている。お客は小売店やデパートのテナントなどだが、そこを訪問するときには、〝売れますように〟ではなく、〝このお店が繁栄しますように〟と自然に祈ってしまうという。

取材二日目に、おろしば商店を訪ねた。色とりどりのテキスタイル（布地）や、関東、関西の好みの差などを説明する晃生さんの目は、本当にやさしい。きっとお客にも〝喜んでほしい〟、ただそれだけの真心が、説明の中から伝わっていくのだろう。

ユニークな子育て

晃生さんが社会で新たな一歩を踏み出し、着実に階段を登り始めている頃、章代さんはユニークな子育てを開始していた。昭和四十二年から二年おきに授かった長男・展弘《のぶひろ》さん(24)、長女・偉津子《いつこ》さん(22)、次女・由利子《ゆりこ》さん(20)への、自立心を発達させる子育て法である。

〝あなたたちは神の子。何でも自分でできる〟と、いつも言って聞かせたそうだ。たとえば三人とも、小学校二年生の頃にはすでに包丁で上手にジャガイモの皮をむくことができた。これは小さいうちから、台所でまとわりついてきても邪魔にせず、料理の過程を見たいだけ見させ、ちょっとしたことはどんどん手伝わせてきたからだ。

長女の偉津子さんは、自分のお弁当は自分で作るものだと思いこんで育ち、中学校に入学。他の子が皆、母親に作ってもらうことに初めて気づき、章代さんにせまったことがあった。しかし、章代さんはケロリとして、「わあ、偉津子ちゃん、よかったねえ。ということは偉津子ちゃんが一番料理がうまいってことじゃないの。お母さんがお兄ちゃんにお嫁さんをもらうとしたら、偉津子ちゃんみたいな子が欲しいわあ」

兄が大好きな偉津子さんは〝そんなものかなあ〟と、結局、お弁当を作り続けたのだとか。高校では、友人関係の悩みなどもあったらしいが、両親に頼ろうとせず、どんどん自分で解決し、明るい方向へ持って行ったという。

長男の展弘さんは、小学校一年のときには電車とバスを乗り継ぎ、約八十キロ離れた高田郡吉田町にある晃生さんの実家へ出かけたというし、三年生のときには、生長の家富士河口湖練成道場*(山梨県)の練成会へたった一人で行き、戻ってきたという。

「吉田町のおばあちゃんの家へ行く途中も迷ったり、練成会へ行くときも雪で新幹線が不通になるというハプニングがあったんですけど、戻ってきたときの顔は、もう、自信にみなぎっちゃって。〝お母さん、僕、お金と口さえあれば、もうどこへでも一人で行けるよ〟って」

一人で出すことに不安はなかったですか、とたずねると、

「だって、神さまがよくしてくれるだろうと思ってましたから」

コロコロ笑う章代さんの辞書には、〝心配〟とか〝取り越し苦労〟の文字はない。

展弘さんの大学受験のときなどは、高校の指導教師から成績のことでかなり厳しいことをいわれた。小学校二年からドラムを習い続け、ドラマーにもなりたいけど、大学にもいきたい、という展弘さんのために、「大学に行くことがあの子に必要なら、一つだけ受からせてください。ドラマーになることがみなさまの喜びのお役に立つことなら、容赦《ようしゃ》なく落としてください」と祈ったそうだ。そして、展弘さんは、願い通りに一つだけ、東京の駒沢大学法学部に合格。

「家の中にはあちこちに神棚があって、小さい頃からよく手を合わさせていたんです。めんどくさく感じることもあったんでしょうね、やっと東京に出て解放されるかと思ったら、あの大学は仏教系の大学でしょ。講堂に大きな仏像が三体あるんですって。思わず手を合わせちゃったよーなんていってましたよ（笑）」

不思議なことはまだ続く。偉津子さんは、高校卒業後、福祉関係の学校に進みたかったが、近県にはないため迷っていたところ、ちょうど卒業の年に開校される福祉の専門学校が、広島市内にできたというのだ。小さい頃から料理する楽しさを知った次女・由利子さんは、現在大阪のクッキングスクールに学んでいる。

章代さんに「子育ての面で、ご主人にありがたかったなあと印象に残っていることは？」とたずねると、

「全部ですよ。長男の大学受験のときも、自分のしたいようにしなさい、と。正月は九州旅行、春はお花見、夏はキャンプへ毎年連れていってくれましたし、すべてがありがたかったですよ」

キョトンとした顔で即答されたのには、何か愚かな質問をしてしまったような恥ずかしい気持になってしまった。

まだまだ話は盛り上がった。一番の盛り上げ役は、茂代さん。七十歳で、自分を見つめる時間をゆっくり持とうと「おろしば商店」を退社した茂代さんは、その後、水着持参でハワイへ二回。生長の家の講習会があれば、町中を走り回り、人をお誘いする。ときには趣味の宮島彫りの創作に没頭する。長男の積極的な明るさは母方・小田家の、女

の子二人の繊細さとやさしさは父方・小路家の遺伝かな、とふと思う。

「母が元気なことが、本当にありがたくってありがたくって……」

小路夫妻がとろけるようなまなざしで、声高らかに笑う茂代さんを見つめる。

最後の最後まで夫妻は、「うちには人さまにお話するほどの体験はないんですよ」といい続けた。新しい仕事のたいへんさも、子どもたちの人間関係や受験の話も、たとえば三度あったという交通事故すれすれの話もまったく悲劇的なストーリーにはならなかった。「いつでも平凡、いつでも幸せ」といい切れるというのは、なんてスゴイことなんだろう。真の幸福とは何かを学んだ、すばらしい出会いだった。


（平成四年三月号　取材／宮川由香　撮影／中橋博文）

＊青年会＝生長の家青年会。十二歳以上、満四十歳未満の男女を対象とする生長の家の真理を学び実践する会。
＊『理想世界』＝生長の家の青年向けの月刊誌。
＊講習会＝生長の家総裁、副総裁が直接指導する生長の家講習会。現在は、谷口雅宣副総裁が直接指導に当たっている。
＊生長の家富士河口湖練成道場＝巻末の「生長の家練成会案内」を参照。

信仰で出会い、二人で開いた幸せの扉

岐阜県　大生自動車工業社長　多和田敬一《たわだけいいち》さん（56歳）
美子《よしこ》さん（51歳）

多和田さん夫妻は「生長の家青年会」を通じて結ばれた。以来、生長の家を生活の柱に二人三脚で人生を拓《ひら》いてきた。妻は誠実な夫を誇りに思い、夫は明るい妻をまぶしく思う。三人の子供たちも優秀に育った。《いま幸せの中にどっぷり漬《つ》かっています》と夫妻は口を揃《そろ》える。

ＪＲ高山線の那加《なか》駅は無人駅だった。ベニヤ板で囲われた駅事務室がもの悲しく見えた。かつてはタクシー乗り場でもあったと思われる駅構内の広場には、違法駐車の車が数台、放置されていた。

この駅で、多和田さん夫妻と会う約束であったが、ひと電車、早く着いたため、しばらく駅のベンチで待つことにした。午後の陽差しが駅舎にこぼれて心地よかった。ウトウトとカメラマン氏が、うたたねを始めた。

ほどなく、白いクラウンが滑るように走ってきて止まった。約束の時間より早いが、それが多和田夫妻だった。

《よくお越し下さいました。ハイ》

夫妻は手をひろげて迎えてくれた。

岐阜県各務原《かかみがはら》市が市制になったのは昭和三十八年。人口は十三万人弱。戦前から航空基地があり、現在も航空機と自動車工場の街。古くから絹織物の産地としても知られている。

まだある。薩摩芋《さつまいも》の産地でもあった。私ごとで恐縮だが、終戦が近い初夏であった、同じ岐阜県の垂井《たるい》で、会社勤めをしていた記者の父は、会社から与えられた空き地で菜園をしていた。食糧難時代で自給自足の真似ごとをしていたのだろう。ある日、各務原まで、薩摩芋の苗を買いにきた母は、駅前で米軍機の機銃掃射を受けたが幸い難を逃れた。その土地に、自分がいま立っているのも不思議な気がした。人気も少なく、のんび

「こんなに幸せで有難う」とお互いに感謝の言葉をかけ合う多和田さん夫妻

りとした田園風景が残るこの街から、想像も出来ない過去の話ではあったが——

「ヘエー。そうだったのですか。確かにかつては薩摩芋の産地でもあったのですが、現在は生産も減っていますね。ハイ」

記者の余談で、多和田さんとの距離は一気に縮まったような気がした。

多和田さんの車は、田園地帯を通り抜けた一角にある住宅地に止まった。

車の中からのリモートコントロールで、ガレージのシャッターがスルスル上がる。二百七十坪の敷地には、三年前に改築した豪邸が建っていた。木の香《か》も新しく、まるで一流旅館の前に立ったような錯覚を覚えた。玄関の上がり口だけでも十畳ほどの余裕があり、向って右側が洋間、リビングキッチン、左側に和室が三部屋、さらに二階部屋が続く。

「私たちは常日頃、幸せにどっぷり漬かって生活させて頂いているわけですから、別に何というわけでもありませんが。ハイ」

劇的な体験もないけれど、それでもいいでしょうか、という意味の問いかけだった。ただ、出会った時から終始、笑みをたたえている多和田さんの表情には、充足感が漂《ただよ》っていた。その横で、一言一句にうなずき、時には多和田さんを見やる妻の美子さんの表情も華やいで見えた。幸せな二人の表情こそ、夫婦で築き上げてきた歴史の証《あかし》なのだろう。そう思った。

生長の家で結ばれた縁

敬一さんは、父・光義、母・い志子さん（82）の長男として昭和十年一月に生まれた。きょうだいは男三人、女三人。光義さんは浄土真宗の信徒でもあったが、京都の一燈園にも学び、後に生長の家地方講師になったという。

「終戦後のまだ車がない頃、父は自転車で岐阜市の方まで派遣講師で出掛けていましたね。夜中の三時頃、便所へ行くと、父が『生命の實相』を出して読んでいるのです。誌友会場で、質問されて、わからなかったところを勉強していたんですね。ハイ」

農業が正業だったが、光義さんは事業意欲も旺盛で、絹織りに使う糊《のり》を試作したり、四国から砂糖職人を四人もつれてきて、砂糖キビから砂糖精製を試みたりした。しかし、それらがことごとく失敗。そんな父親が信仰する「生長の家」を、多和田さんは好意が持てなかったという。

　長男の自覚もあって、高校進学をあきらめて家業の手伝いを始めたが、農業は性に合わなかった。何か手に職をつけたいという気持が強く、乗り合いバスの部品を作る会社に就職したのは昭和二十七年だった。従業員三十人足らずの下請会社だった。三年後に、五十人規模の別会社に移った。この間に技術を習得、後の独立の下地となった。

「その頃（昭和三十年）ですね。各務原の生長の家青年会に初めて行ったのです。ハイ。父親が《お前のような者は行ってこい》と言うもんですから《よし、じゃ行ってブッ壊《こわ》してやろう》と思って行ったのが、私の生長の家の始まりですね。ハイ」

　ここからが面白い。本人はブッ壊すつもりで乗り込んだのに、迎える青年会の人たちは、地方講師の息子が来たというので大歓迎してくれた。そして、ここで生涯の伴侶《はんりょ》と出会うのだから、まさに父親のお蔭は大きかった。

「あの時は、そこに私がいたのね。青白い顔した神経質そうな人で、ずい分、理屈っぽいなあと思いました。ハッキリ覚えていますよ、ウフフ」

　美子さんが愉《たの》しそうに頬《ほお》をゆるめた。

ポーッと顔を赤く染めた多和田さんが、美子さんを見やって笑みを返す。

「もう理屈じゃなかったのですね。ハイ。若い人たちが、真剣に信仰している姿に、惹《ひ》かれたんですね。その場で、東京で開催される青年会全国大会に参加する手続きをしていましたからね。ハイ」

父親の愛念《いのり》が、多和田さんの中で一気に芽を吹いたのだろう。次々と青年会の役職を受け、最後は教区の副執行委員長*まで務めた。

この間、いつも多和田さんの側に美子さんがいた。青年会活動は、いつも一緒だった。

「当時、執行委員長の白橋国弘さん（現県会議員）がね、《キミたちは白砂糖のような仲だね》と言ってくれました。サラっとして適当に甘いということだったそうですよ」

さりげなく美子さんを見る目は、青春時代に還《かえ》ったようで若やいでいた。

お茶を運び、取材の場に同席していた長女の恵美子さん（26）が、まぶしそうに両親を見てほほえんでいる。

教えは両親から子供たちへ

昭和三十六年、多和田さんは念願の独立の夢をはたした。自宅の納屋《なや》（現在は駐車場）に、「多和田工業所」の看板を出し、バス部品と一輪車の製作をした。独立前に勤めていた会社から、多和田さんを慕《した》って、部下がふたりついて来てくれた。翌年には相思相愛の美子さんとめでたく結婚。三十八年には長男・博一《ひろかず》さん（28）が誕生した。ふたりはハイハイする長男をつれて、青年会の誌友会場をまわった。

創業当初の三年間、会社の業績は思うように伸びず、資金援助を父親に依存するような状態が続いた。が、三十九年には、百二十坪の土地に工場を建て、「大生《たいせい》自動車工業株式会社」と社名も変更して新たに出発した。

「農家ですから田圃《たんぼ》が三反、畠が三反の土地がありましたからね。親父が銀行から融資を受けてきてくれましたね。ハイ」

社長の椅子には、父親の光義さんに座ってもらった。それが多和田さんにとっては、唯一の感謝の気持だった。ところが今日の繁栄を見ることなく、二年後の四十一年二月に黄泉《よみ》の客となった。父親が存命の時、社員旅行で、生長の家宇治別格本山へ行ったことが、多和田さんの脳裏に焼き付いている。生長の家を嫌った息子の変わりように、一番よろこんだのは父親であったかもしれない。

「私ね、この家で毎月一回、先祖供養の行《ぎょう》をさせていただいています。近所の方やお友達を招きましてね。そうすると、祈っている時に、多和田家の両親がいつも浮かぶのですよ。自分の実家の両親は浮かばないの。ああ、私は多和田家の嫁にさせて頂いたんだなあと、うれしくて涙が出ますの」

美子さんのことばに、多和田さんの目頭が赤くなったようであった。

美子さんは、中学校を卒業した頃、友人から誘われて生長の家岐阜県教化部へ案内されたのが、生長の家との出会いであった。

「始め、教会へ行こうというので、ついて行ったのですが、そこが教化部だったのですね。生長の家の月刊誌を頂いて帰ったら、父が驚いたのです。後でわかったのですが、兄が虫に刺された場所から黴菌《ばいきん》が入ってね。右手を切断する寸前まで行った時に、父は病院で真剣に『甘露の法雨』を読誦《とくじゅ》したそうです。お蔭さまで手を切断しなくて治ったのです」

美子さんの父・加藤美佐雄さんは職業軍人であったが、生長の家を始めた美子さんのことを喜び、あたたかく見守りながら、六十一歳の生涯を閉じた。

「家が貧しくてね。夜中に、両親が《美子を高校に入れることが出来ない》と泣いているのを見てしまったのです。頭は賢くても進学できないのがくやしくてね。生きて行く希望もないような少女時代でしたから、生長の家に触れて一所懸命やってきたのです」

美子さんは、各務原に生長の家青年会を友人と結成した。奇しくも、その青年会に多和田さんを迎える形となったわけだ。

心と心が通い合っても、ふたりでデートしたことはない。青年会活動ではいつも一緒に行動していたから、そこが魂のデートの場だったのだろう。

ふたりの間には長男・博一さんのほかに二人の子供が授《さず》かった。長女・恵美子さんは、一宮市在住の漫画家、田中久志氏夫人。次男・雅保《まさやす》さん（20）は現在東京大学に在学中。三人は、揃って優秀である。

博一さんは、大学を出て平成二年から会社の一翼《いちよく》を担っているが、大学時代の後輩が悩んでいた時、生長の家本部練成道場（東京・調布市飛田給）へ行くことを勧めた。後輩のことで五日間は心配だったが、十日間の練成会を受けて帰ってきたときの後輩は、見違えるように輝いていたという。それを見て、今度は自分も飛田給へ向かう。誰あろう、その後輩こそ、近く、博一さんの嫁になる女性《ひと》である。

練成会から喜び勇んで帰った博一さんを見て、長女・恵美子さん、次男・雅保さんも、続けて飛田給での練成会を受けた。

音大出の恵美子さんは、週三回、各務原の実家でピアノ教室を開いているが、温和でもの静かな人である。そんな彼女が生長の家で人を救ったという見事な体験がある。

市内の商店主の娘さんであったが、親に反抗してノイローゼとなり、半年間、部屋の中から鍵をかけて閉じ込もっていた。娘さんの母親が相談にみえたのを機に、恵美子さんが生長の家の本をもって訪れ、娘さんと会った。「髪は抜けて、肌の色は蝋《ろう》のように白かった」と恵美子さんは述懐する。そこで恵美子さんは「人間は本来、神の子、悩みはナイ。お父さんお母さんに感謝しましょうね」と話して生長の家の本を置いて帰ったという。翌朝、娘さんの母親が感激して電話を掛けてきた。《娘が、昨晩、私達の布団にもぐり込んでやすみました》と――。
次男の雅保さんは、東大に現役で合格。受験当日は、風呂に入り、鼻歌をうたってホテルを出たという。東大だけを目指し《必ず入学できる》と確信していたという。
「お腹の中にいる時から、《あなたは日本の国に必要として授かったのよ》と言って聞かせていました。素直で明るくて、学校の勉強だけで塾へは行きませんでしたね。《東大にあなたの席は設けてある》と言ってきましたけど」(美子さん)
日本が好きだから将来は国史学の学者になると、両親や兄姉の前で宣言しているという。

会社も繁栄

取材二日目、ホテルまで美子さんが迎えにきてくれた。美子さんの運転する車で、会社に向う。多和田さんの自宅と会社の間は車で二、三分の距離という。

四百五十坪の敷地を一杯に使って建てた工場は天井が高い。十八人の従業員は、黙々と作業をすすめていた。バスの車体の前部と後部、そして屋根を製作しているが、研磨、溶接は熟練を要する手仕事である。

それでも、コンピューターで作動する《レーザー加工機》や溶接ロボットが稼動《かどう》していた。

この会社は、川崎重工と、いすゞ自動車が資本を出し合って設立した〈アイケーコーチ〉の下請けが主。それだけに、四年前に親会社が宇都宮（栃木県）に移転を決めた時は、さすがの多和田さん夫妻も動揺は隠しきれなかった。

「しかし、親会社の幸せを祈り、これまでの感謝の祈りをしていましたら、私達の家が出来ると同時に、親会社が宇都宮に土地と工場を用意してくれたのです」

二百坪の土地に建つ宇都宮工場には、八名の熟練工が親会社の試作品を製作している。

「社長は、仕事に非常に熱心な人でね、親会社の人にも指導できる技術を持っているのです」（安福宏祐《やすふくひろすけ》さん、総務部長、48歳）

創業以来、多和田さんを慕ってついてきたという新保陸夫《しんぼりくお》さん（50）は、

「社長についてきたのは、人を引きつける人柄にほれてやね。人間的に出来た人やわね。奥さんは明るい人だわ」

工場長の神谷輝雄さん（44）も、

「社長は人格者やわ。私らは〃おやっさん〃とよびますわね」

ことば数は少ないが、多弁より実感があった。

平成元年から美子さんの発案で、従業員の奥さんの誕生日に、ケーキ代一万円と手紙を添えてブーケを贈ることに決めた。手紙には、〈ご主人様が働いて下さるのも、貴女が守って下さるから。貴女のお蔭です。ありがとうございます〉と書く。

「とても喜んで下さって、電話を掛けてくれる奥様もいます。また従業員のご先祖さまの供養もさせていただいています」（美子さん）

近い将来、この工場を冷暖房つきの四階建てにしたいというのが専務である多和田斉《ひさし》さん（44）の計画だ。

長男、博一さんは、部長として新製品の開発や、技術革新に夢をふくらませて、先を鋭く見つめている。

「幸せにどっぷり漬かっている」と言った多和田さんも、目下のところは、宇都宮へ単身赴任だ。しかし年に八十回も各務原と往復するから淋《さび》しいことはない。

時には、美子さんが宇都宮に訪ねて、料理をいっぱいつくり、冷凍庫に入れて帰る。

「私ね、会社で主人に向かって《愛してるわ》と言いますの。そうすると主人も《ボクもだよ》と言うんですよ。ウフフ」

ウーン。熱いね。取材が終って、岐阜駅まで、美子さんの運転する車で送ってもらった。ハンドルを握る美子さんと、その横に座る多和田さんの表情は、至福の輝きにあふれていた。

数日後、長女の恵美子さんから手紙が届いた。こう書いてあった。

《取材中、同席させていただき、父と母の話が聞けて感激しました。私にとって父は〈仏様〉であり母は〈太陽〉です》

（平成四年一月号　取材／柴田達成　撮影／紀善久）

＊副執行委員長＝当時。執行委員長を補佐する青年会の責任者のひとり。

教化部名	所　在　地	電話番号	FAX番号
静岡県	〒432-8011　浜松市城北2-8-14	053-471-7193	053-471-7195
愛知県	〒460-0011　名古屋市中区大須4-15-53	052-262-7761	052-262-7751
岐阜県	〒500-8824　岐阜市北八ッ寺町1	058-265-7131	058-267-1151
三重県	〒514-0034　津市南丸之内9-15	059-224-1177	059-224-0933
滋賀県	〒527-0034　八日市市沖野1-4-28	0748-22-1388	0748-24-2141
京　都	〒606-8332　京都市左京区岡崎東天王町31	075-761-1313	075-761-3276
両丹道場	〒625-0081　舞鶴市北吸497	0773-62-1443	0773-63-7861
奈良県	〒639-1016　大和郡山市城南町2-35	0743-53-0518	0743-54-5210
大　阪	〒543-0001　大阪市天王寺区上本町5-6-15	06-6761-2906	06-6768-6385
和歌山県	〒641-0051　和歌山市西高松1-3-5	073-436-7220	073-436-7267
兵庫県	〒650-0016　神戸市中央区橘通2-3-15	078-341-3921	078-371-5688
岡山県	〒703-8256　岡山市浜1-14-6	086-272-3281	086-273-3581
広島県	〒732-0057　広島市東区二葉の里2-6-27	082-264-1366	082-263-5396
鳥取県	〒682-0022　倉吉市上井町1-251	0858-26-2477	0858-26-6919
島根県	〒693-0004　出雲市渡橋町542-12	0853-22-5331	0853-23-3107
山口県	〒754-1252　吉敷郡阿知須町字大平山1134	0836-65-5969	0836-65-5954
香川県	〒761-0104　高松市高松町1557-34	087-841-1241	087-843-3891
愛媛県	〒791-1112　松山市南高井町1744-1	089-976-2131	089-976-4188
徳島県	〒770-8072　徳島市八万町中津浦229-1	088-625-2611	088-625-2606
高知県	〒780-0862　高知市鷹匠町2-1-2	088-822-4178	088-822-4143
福岡県	〒818-0105　太宰府市都府楼南5-1-1	092-921-1414	092-921-1523
大分県	〒870-0047　大分市中島西1-8-18	097-534-4896	097-534-6347
佐賀県	〒840-0811　佐賀市大財4-5-6	0952-23-7358	0952-23-7505
長　崎	〒852-8017　長崎市岩見町8-1	095-862-1150	095-862-0054
佐世保	〒857-0027　佐世保市谷郷町12-21	0956-22-6474	0956-22-4758
熊本県	〒860-0032　熊本市万町2-30	096-353-5853	096-354-7050
宮崎県	〒880-0015　宮崎市大工2-146	0985-65-2150	0985-55-4930
鹿児島県	〒892-0846　鹿児島市加治屋町2-2	099-224-4088	099-224-4089
沖縄県	〒900-0012　那覇市泊1-11-4	098-867-3531	098-868-8807

●生長の家教化部一覧

教化部名	所　在　地	電話番号	FAX番号
札　幌	〒064-0804　札幌市中央区南4条西20-1-21	011-561-1603	011-561-1613
小　樽	〒047-0033　小樽市富岡2-10-25	0134-34-1717	0134-34-1550
室　蘭	〒050-0082　室蘭市寿町2-15-4	0143-46-3013	0143-43-0496
函　館	〒040-0033　函館市千歳町19-3	0138-22-7171	0138-22-4451
旭　川	〒070-0810　旭川市本町1-2518-1	0166-51-2352	0166-53-1215
空　知	〒073-0031　滝川市栄町4-8-2	0125-24-6282	0125-22-7752
釧　路	〒085-0832　釧路市富士見3-11-24	0154-44-2521	0154-44-2523
北　見	〒099-0878　北見市東相内町584-4	0157-36-0293	0157-36-0295
帯　広	〒080-0802　帯広市東2条南27-1-20	0155-24-7533	0155-24-7544
青森県	〒030-0812　青森市堤町2-6-13	017-734-1680	017-723-4148
秋田県	〒010-0023　秋田市楢山本町2-18	018-834-3255	018-834-3383
岩手県	〒020-0066　盛岡市上田1-14-1	019-654-7381	019-623-3715
山形県	〒990-0021　山形市小白川町5-29-1	023-641-5191	023-641-5148
宮城県	〒981-1105　仙台市太白区西中田5-17-53	022-242-5421	022-242-5429
福島県	〒963-8006　郡山市赤木町11-6	024-922-2767	024-938-3416
茨城県	〒312-0031　ひたちなか市後台字片岡421-2	029-273-2446	029-273-2429
栃木県	〒321-0933　宇都宮市簗瀬町字桶内159-3	028-633-7976	028-633-7999
群馬県	〒370-0801　高崎市上並榎町455-1	027-361-2772	027-363-9267
埼玉県	〒336-0923　さいたま市大字大間木字会ノ谷483-1	048-874-5477	048-874-7441
千葉県	〒260-0032　千葉市中央区登戸3-1-31	043-241-0843	043-246-9327
神奈川県	〒246-0031　横浜市瀬谷区瀬谷3-9-1	045-301-2901	045-303-6695
東京第一	〒112-0012　文京区大塚5-31-12	03-5319-4051	03-5319-4061
東京第二	〒183-0042　府中市武蔵台3-4-1	042-574-0641	042-574-0055
山梨県	〒406-0032　東八代郡石和町四日市場1592-3	055-262-9601	055-262-9601
長野県	〒390-0862　松本市宮渕3-7-35	0263-34-2627	0263-34-2626
長　岡	〒940-0853　長岡市中沢3-364-1	0258-32-8388	0258-32-7674
新　潟	〒951-8133　新潟市川岸町3-17-30	025-231-3161	025-231-3164
富山県	〒930-0103　富山市北代6888-1	076-434-2667	076-434-1943
石川県	〒920-0022　金沢市北安江1-5-12	076-223-5421	076-224-0865
福井県	〒918-8057　福井市加茂河原1-5-10	0776-35-1555	0776-35-4895

●生長の家練成会案内

総本山……長崎県西彼杵郡西彼町喰場郷1567　☎0959-27-1155

　＊龍宮住吉本宮練成会……毎月１日～７日（1月を除く）

　＊龍宮住吉本宮境内地献労練成会……毎月７日～10日（５月を除く）

本部練成道場……東京都調布市飛田給2-3-1　☎0424-84-1122

　＊一般練成会……毎月１日～10日

　＊短期練成会……毎月第三週の木～日曜日

　＊光明実践練成会……毎月第二週の金～日曜日

宇治別格本山……京都府宇治市宇治塔の川32　☎0774-21-2153

　＊一般練成会……毎月10日～20日

　＊短期・写経練成会……毎月月末日～５日

　＊写経練成会……毎月３日～５日（１月を除く）

　＊伝道実践者養成練成会……毎月20日～22日（11月を除く）

　＊能力開発研修会……毎月21日～25日（８月、12月を除く）

富士河口湖練成道場……山梨県南都留郡河口湖町船津5088　☎0555-72-120

　＊一般練成会……毎月10日～20日

　＊短期練成会……毎月月末日～３日

　＊能力開発繁栄練成会……（問い合わせのこと）

ゆには練成道場……福岡県太宰府市都府楼南5-1-1　☎092-921-1417

　＊一般練成会……毎月13日～20日

　＊短期練成会……毎月25日～27日（12月を除く）

松陰練成道場……山口県吉敷郡阿知須町大平山1134　☎0836-65-2195

　＊一般練成会……毎月15日～21日

　＊伝道実践者養成練成会……（問い合わせのこと）

○奉納金・持参品・日程変更詳細は各道場へお問い合わせください。

○各教区でも練成会が開催されています。詳しくは各教化部にお問い合わせください。

○海外は「北米練成道場」「ハワイ練成道場」「南米練成道場」等があります。

生長の家本部　〒150-8672　東京都渋谷区神宮前1-23-30　☎03-3401-0131　FAX03-3401-3596